차마 번역할 수 없었던 영화 속 자막처럼

압둘라 알우카이비 지음
이예지 옮김

تباً
كخطأ مقصود في ترجمة الأفلام

شعر

عبد الله العقيبي

시인의 말

우리가 시라 부르는 것은 참으로 놀랍습니다. 단순히 알파벳이 담아낼 수 있는 것보다 더 크고 위대함에 의심의 여지가 없습니다. 때로는 폭포처럼 흘러내리고 때로는 거의 아무것도 담아내지 못하기도 하지요.

어릴 적부터 시는 제 눈길을 사로잡았습니다. 저는 은유의 놀이를 좋아했고, 지금도 여전히 단어들을 즐기고 있다고 자부합니다. 전통 아랍 시를 깊이 읽으며 이것이 단순한 성향이나 타고난 사랑 이상의 것임을 알게 되었습니다. 하지만 저는 시에 가까이 다가서기가 두려웠고, 때문에 서사적인 글쓰기를 선택해 왔습니다. 그러나 시는 제 내면 깊숙이 잠재해 있었고, 저는 비밀스럽게 시를 써왔지요. 시는 제 영혼을 생생히 드러내 버렸고 이러한 과정은 저를 참 당황스럽게 만들었습니다.

마침내 저는 그 비밀들을 모아서 제가 신뢰하는 취향을 가진 가까운 친구들에게 보여주었습니다. 저는 순수한 아이처럼 그들에게 물었습니다.

"내가 모은 이것들이 시가 될 수 있을까?" 그들은 만장일치로 대답했습니다. "이것은 시 그 자체야!"

그들이 저를 속인 것인지 시 자체가 저를 속여 제 입과 펜을 통해 흘러나온 것인지는 잘 모르겠습니다. 그러나 저는 인생의 가장 어두운 순간에 시에 의지했고, 어떤 면에서는 그것을 치유의 한 형태로 여겼던 것 같습니다. 이후 제 시는 알지 못하는 독자들과의 우정을 만들어 냈습니다. 책이 출간된 지 얼마 지나지 않아 소셜 미디어에서 제 시를 인용하는 사람들을 발견했습니다. 일부 사람들이 제 이름을 인용하지 않았음에도 저는 기뻤고, 그것이 제 기쁨을 배가시켰으며 제 이름이 쓰여 있지 않다는 사실이 오히려 부담감을 덜어주었습니다.

시를 책으로 모으는 동안 저는 분명 다양한 감정과 느낌의 충돌을 겪었을 것입니다. 어떤 식으로 든 시집은 대부분의 시에서 날것의 분노 그 자체를 표현했고, 시집에 대해 글을 쓴 모든 이들이 그 분노를 주목했습니다.

오늘, 훌륭한 번역가 이예지 씨의 요청으로 제 시집이 한국어로 번역된다는 생각을 하면서, 저는 시에게 묻습니다.

"너는 나를 어디로 데려갈 거니?" 책임감, 묘함, 걱정과 부끄러움이 섞인 커다란 기쁨과 같은 상충되는 감정들이 제 안에 뒤섞여 있습니다.

이 시가 한국 독자들에게 받아들여지고, 두 문화, 두 언어, 두 삶 사이의 연결 고리가 되기를 간절히 바랍니다. 시는 항상 다른 민족들이 서로를 알아가는 데 있어 미적, 인간적 역할을 해왔기 때문입니다.

압둘라 알우카이비

역자의 말

우연한 기회로 서울국제도서전에 주빈국으로 참여한 사우디아라비아를 담당하여 통역을 하면서 압둘라 알우카이비 작가님을 처음 알게 되었습니다. 작가님의 사우디 소설 관련 강의를 통역하게 된 인연으로, 마음이 통하는 사람에게만 특별히 선물하신다는 작가님의 귀한 시집을 받게 되었습니다. 국제회의통역사로 통역 무대에서 주로 활동하는 저로서는 이제껏 문학을 번역해 보겠다는 생각을 해 본 적이 없었지만, 시를 읽어 내려가면서 작가님의 슬픔을 느끼고 저 또한 위로를 받으며 많은 공감을 할 수 있었습니다. 그리고 많은 사람들에게 이 좋은 작품을 소개하고 싶다는 그 한 가지 생각으로 이 시집을 번역하겠다는 결심을 세울 수 있었습니다.

시집을 번역하면서 많은 생각이 든 부분이 있었습니다. 몇 편을 먼저 번역하여 동료들에게 보여주었을 때 일부 동료들은 시가 너무 슬프고 우울하다고 염려하기도 하였습니다. 그러한 과정에서 저에게는 두 가지 궁금증이 생겼습니다. 시가 그렇게 슬프고 우울하다면 저는 이 시가 왜 그렇게나 마음에 들었던 걸까요? 그리고 삶의 피로, 고난, 고통을 느끼는 우리 현대인들은 왜 굳이 슬픈 문학 작품을 찾아 감상하는 것일까요?

저는 그 답을 "슬픔을 공부하는 슬픔"이라는 책에서 찾을 수 있었습니다. 작가님은 이 책에서 [슬픔의 위안]이라는 작품에 담긴 내용을 소개하시며 "가끔은 문학이 위로가 될 수 있는 이

유는 그것이 고통이 무엇인지를 아는 사람의 말이기 때문이고 고통받는 사람에게는 그런 사람의 말만이 진실하게 들리기 때문이다"라고 언급하셨습니다.

결국 누군가가 옆에서 경청하는 시늉을 해 준다고 위로가 되는 것이 아니며, 굳이 내가 자세히 설명하지 않아도 상대방이 이미 나의 감정을 알고 있다고 느껴질 때에야 비로소 진정한 위로가 된다는 것입니다.

압둘라 알우카이비 작가님의 시집은 사우디아라비아 왕국에서 현대 사회를 살아가는 남성의 고뇌, 성찰, 사랑 등으로 인한 다양하고 복합적인 감정들을 아름다운 시로 풀어내고 있습니다. 이러한 감정들은 우리가 한국에서 현대 사회를 살아가면서 느끼는 감정과도 닮은 부분이 많다고 느껴집니다. 또한 여태까지 번역된 아랍시는 고대시가 주를 이루어서 접근하기 어려운 부분이 있었던 반면, 이 시집은 우리 젊은 세대들도 공감하고 또 위로받을 수 있는 감성을 담고 있습니다. 그렇기에 젊은 층의 입맛에 맞도록 조금 더 친근한 문체를 선택하려 노력했습니다.

시가 번역된 순간 그 시가 아니라고들 합니다. 원본과 동일한 형태를 가질 수 없기 때문이고 그렇기 때문에 동시에 표현의 '관대함'이 허용될 수 있다고 생각합니다. 어느 정도 원문을 살려야 할지, 어떤 표현을 선택해야 한국 독자들이 더욱 공감할 수 있을지 경험이 부족한 저에겐 큰 과제였으나, 의미 전달에 조금 더 무게를 두었으면 하는 작가님의 바람에 따라 특히나 제목을 포함하여 조금은 과감한 변경과 생략, 혹은 추가를 하기도 하였습니다.

  이 책을 출간하는 어려운 과정에서 물심양면 지원해 주신 홍익문화사에 특별히 감사의 말씀을 전하고 싶습니다. 또한 번역 후 검수 과정에서 도움을 준 에스라에게 고마움의 인사를 전하고 싶습니다. 그리고 글을 다듬는 과정에서 주옥같은 문장으로 한 땀 한 땀 수정 작업을 도와주신 권오주 작가님께도 깊은 감사의 말씀을 드리고 싶습니다. 또한 항상 새로운 도전을 할 때 응원해 주는 사랑하는 남편과 아들 연우에게도 고마운 마음을 전합니다. 그리고 마지막으로 이 훌륭한 시집을 번역하여 한국어로 출간할 수 있도록 저를 믿고 맡겨 주신 압둘라 알우카이비 작가님께 무한한 감사의 말씀을 드리고 싶습니다.

  작가 정여울님이 "세상 모든 이의 슬픔 속을 여행하는 기적이 문학의 세계에선 가능하다. 언어로 삶을 아름답게 하는 모든 노력도 문학의 자장 속에 있기 때문"이라고 하신 것처럼 제가 한 해를 기다릴 만큼 제일 좋아하는 계절 여름, 이 여름밤 하루하루를 꼬박 쏟아 바쳐 완성한 이 작업을 통해 독자님들께서도 사우디 작가님의 슬픔 속을 여행하는 기적을 누리신다면 정말 보람찰 것 같습니다.

제가 언제 또 번역 작업을 할지는 저도 잘 모르겠습니다. 이 시집이 처음이자 마지막이 될 수도 있겠지요. 언젠가 또 정말 제 마음에 위로와 감동을 주는 좋은 작품을 만나게 된다면 여러분들께도 소개해 드리겠습니다. 감사합니다.

2024년 여름 끝자락에서
역자 이예지

차마 번역할 수 없었던 영화 속 자막처럼

1.

우리는 실수한다
두 번, 세 번, 수십 번도

잘못된 카드를 내밀 때처럼
잘못된 연인을 택할 때처럼
잘못된 숙적을 만들 때처럼

잘하는 것이라곤 실수뿐이나
실수 하나마다 배움을 새겼으니

이번은 정말 잘해야만 한다
큰 실수를 골라야 한다
완벽한 실수를
한 번에 모든 것을 앗아갈 수 있는
큰 실수를 저질러야 한다

2.

침대에서 일어나 적막 가운데 앉으면
가까스로 어디에 있는지 알아채는 몇 분
스스로 처한 상황을 부정하고
가까운 사람조차 겨우내 미워하는 몇 분

순백색의 종이처럼 새하얀 순간들
이야기의 시간에서 벗어난 순간들
나를 찔러대는 순간들
연신 반복되는 순간들

네가 남긴 것은 오직 하나
지금껏 매 순간을 아로새긴 비참함

3.

꿈에서 본 아버지의 모습
그가 신고 있던 반짝이는 새 구두는
매끄러운 침묵 위를 묵묵히 걸었다

내가 그의 앞에 마주 섰을 때
아버지는 내게 말씀하셨다

아들아
반짝이는 신발에 속지 말거라.
이 안은 모래로 가득 들어차 있으니

4.

내 마음에게 너무도 부끄럽다
스스로의 실수를 다시금 내버려둔
내가 너무도 미련해서

텅 빈 주머니 헛되이 뒤적여도
조그만 행운조차 남아있지 않고

부끄러운 마음에 혼잣말만 내었다
스스로를 마음을 다시금 눈속임한
내게 너무도 미안해서

5.

어둠 가득한 밤을 검은 비닐봉지에 담아
파란 쓰레기통 옆에 놓아둔다
누구에게도 주기 부끄러운
그것은 차가운 밤
가장 자리부터 썩어들어가기 시작했다

6.

나는 무엇도 약속한 일이 없었다
그저 세상의 적대를 피할 뿐이다

세상은 내 처지를 신경 쓰는 대신
본인의 우아함에나 신경 써야 할 텐데

거울 속 자신에게 눈을 맞춘 채로
자신이 가진 흉터를 세어 봐야 할 텐데

나의 속 사정 따위 일단 버려두고
스스로 중요한 일을 짚어 봐야 할 텐데

참견하기 좋아하는 세상이
날 가만두는 법을 모른다
젠장!

7.

여정이 종국엔 승리에 닿기를
아니면 이미 약속된 승리 앞에 선 듯
그때껏 새긴 상처를 돌아보며
우리 함께 미소 짓게 되기를

기만과 거짓은
이 모든 하찮은 것들은
가볍게 비웃어 주고

마치 이미 행복한 결말을 본 것처럼
그저 올 순간을 기다리는 것처럼

불현듯 가슴 깊이 피어나는 진심 나누며
함께 고개를 기울였으면
산들바람 부드럽게 고개 숙인 거목처럼

8.

서늘한 고독에 짓눌려 나무 밑에 웅크린 채
매번 날 삼키러 오는 우울을 기다린다

늘어진 꼬리로 성가신 청파리를 쫓아 보지만
떼 지어 오는 애수 앞에서 다시 홀로 무력해지고

그 목적도 언제 멈출지도 모른 채
다만 가라앉아 있다

9.

당신은 그것을 원하지 않는다
닿아도 아무런 의미가 없으니
가까울 때마다 스스로 속이고
다만 그 접근의 열기를 즐겨라
도달하지도 말고
탐색하지도 말라

신화를 벼려내고 명명백백한 진실의 적이 되어라
끝끝내 도달하지 못하였기에 나는 행복을 얻었다

무용을 좇는 자에겐 마법이 있을 테니
확신치 말라
확신에 빠진 자들은 증오를 찾았으니

마음을 가벼이 갖추고
언제나 의심을 가져라

나를 위해
그리고 너를 위해
그리고 사랑을 위해

10.

우리 뭘 하고 있는 거야?
낚싯바늘을 깎고 있지

그걸로 무엇을 낚고 싶은데?
행복을 낚으려 하고 있지

그걸로 무엇을 하고 싶은데?
아무것도. 그저 바라볼 뿐이지

처음 보는 물고기를 낚은 어부들처럼
그 물고기를 유심히 살피다가
옆에 선 서로를 향해 웃으며 말하겠지
먹어도 되는 걸까?

그러나 한 사람은 옆에서 조용히 살피다가
이렇게
'독이 있을지도 모르겠어'
바다에 풀어주는 쪽이 더 좋겠어
좋아

행복은 그런 거야

11.

나는 집
내 이빨은 붉고 아름다운 벽돌
내 셔츠는 시다르 광고의 커튼
내 마음은 모두에게 열린 정원

나의 옆에 서 있는 형제를 난 사랑해
손이 없는 난 악수를 청할 수 없지만
그런 나를 늘 이해해 주는 내 형제를

내 몸 곳곳엔 시계가 걸렸네
아픔을 참고 못을 박아 걸었지만
시간을 걱정하는 건 아니지

밤 10시에 약속이 잡힐 일도 없고
약속을 나갈 때가 있어도
약속에 늦는 법이 없으니
시계는 멋을 위해 걸어 놓았을 뿐

때로는 얼굴을 더럽히기도 하지
독한 염료에 벽지를 내맡겨야 할 테니

조금도 부끄러운 일이 아니지
소중한 친구에겐 누구든 희생하고자 할 테니

형제의 지친 얼굴이 내 앞으로 스쳐 갈 때면
난 표정도 없이 슬픔에 잠기지

두렵고 무거운 상상에 잠기지
지금 여기서 일어나 저 끝으로 사라진다면

12.

돌아가는 법을 잊었을 때면
단지 조금 더 앞으로 걸어 봐
낯선 길의 끝 들어본 적 없는
근사한 이야기를 찾을지 모르니까

직면한 어려움에 맞닥뜨릴 때면
양 팔 벌려 기꺼이 받아들여 봐
눈을 돌린 채 찾으려 않았던
기발한 방법을 찾을지 모르니까

시커먼 먹구름이 몰려올 때면
우산을 쓰는 대신 한 번 흠뻑 젖어 봐
흐린 하늘 속 우산 살에 가려왔던
고요한 평온을 찾을지 모르니까

언뜻 불가능해 보인다 해도
먼저 '안녕'이란 말을 생각해 봐

13.

모르겠지만
모르는 건 아니야
모르는 것이 그리 창피한 것도 아니고
그냥 모르는 것 일뿐이야

앙상한 팔로 우스꽝스레 서 있는 나무
그 마음은 진지했을까
뜻 없이 도는 천장에 작은 생채기
그 모습은 벌레였을까
창틀을 흔들어 대는 바람의 절규
그 외침은 고독이었을까
모르겠어
사뭇 아름다울 뿐이구나

이런 불행이 내게 급작스럽지는 않아
가슴 한 켠에 머무른 절망은 내 몫의 필연이 되었으니

사랑하는 그대여, 나는 모르겠어
정말 모르겠어

14.

내 아름다운 날들이
독수리들처럼 멀리 날아가 버렸네
바닥을 쪼아대는 살찐 닭처럼
추악한 날들만이 이젠 내게 남아있네

15.

내 사랑, 이제는 내 매일을 네게 맡긴다
함께 하는 하루는 마술 모자에 넣어진 것처럼
매번 무엇이 나올지 알 수 없지만

16.

그대가 내게서 떠나
내 삶에 남겨둔 것들

섬세한 작가의 손
용맹한 전사의 심장
거대한 산양의 두각

그리고 충분한 시간
내가 신화를 써 내려갈 수 있는

17.

나는 한 여자를 알고 있다
그녀는 안타까워했다 그녀의 자식들이
비열한 아비를 닮아 가는 모습을

나는 한 여자를 알고 있다
나는 들을 수 있었다 그녀의 지친 마음이
미처 꺼내 놓지 못했던 말들을

그녀는 하루 종일 잠을 잤고
자신을 멍청한 물개처럼 여겼다
그녀는 모든 것을 잃었고
아무런 미련 없이 죽음을 각오했다
그녀는 창문을 닫았고
아무런 말도 하기 싫은 듯 보였다

나는 한 여자를 알고 있다
나는 말하고 싶다 우리의 미약한 삶이
언제든 그녀와 같은 길로 빠져들 수 있음을

18.

다시는 찾을 수 있을까 그대와 같은 여자를
압둘 할림의 슬픔조차 질투하게 만드는 여자를

당신의 두 손에 다시금
내 시린 하루 녹일 수 있다면

기생충이 내 몸을 더럽힌다 해도
당신의 두 눈에 한 번쯤
내 깊은 슬픔 담을 수 있다면

가쁜 숨에 억지로 삶을 이어도
그대의 이름을 단 한 번도 찾을 수 없었고

목소리에서도, 일기장에서도
그대의 하루는 단 한 번도 날 찾지 않았고

남겨진 난 한 발짝도 나아가지 못한 채
놓지 못한 희망만 연신 되뇌었네

19.

이름이 많은 열매가 내게는 마음에 든다
때때로 불현듯 시작되는 숨바꼭질에 시간을 보내고 싶다
친한 친구와 함께할 수 있다면 더욱 좋겠지

때로는 작은 손실이 오히려 기쁨이 된다
내 남은 생애는 단 하나의 이야기를 쓰는 데 보내고 싶다
다만 아직 그 주인공들은 정해 놓지 못했지

나는 신발을 좋아해 집 안에 모으곤 한다
이따금 찾아오는 내 적을 짓밟아 저 멀리 보내고 싶다
그 유일한 적에겐 두통이라는 이름이 있지

아마 나에 대해 말할 수 있는 건 이게 전부일 지 모른다
아직 잘 모르지만 혹여 확신의 순간이 와도
더 많은 말을 늘어놓을 수는 없겠지

20.

나는 그런 남자가 아니다
아름다운 여자를 구운 닭이나 같이
한 입 요깃거리로 생각하는 남자가

나는 수다가 많은 여자가 좋다
침대에서
부엌에서도
TV 앞에서
식탁 위에서도

내가 이 슬픈 여인을 얼마나 사랑하는지
집 안에서는 알몸을 드러낸 채 내 앞을 걸어 다니고
그 뜨거운 눈물로 내 몸을 달래어 주는 여자

남성들의 불의와 폭정에 대해 이야기하겠지
혹여 그녀가 품은 그 많은 이야기가 그저 상상일 뿐이라고
내게 고백하는 날이 오더라도 여전히

나는 그런 여자를 원한다
감미로운 슬픔에 매일 밤마다 갇혀
고독과 악몽의 이야기를 덧쓰는 여자를

난 뜨거운 목욕물 속에서 그대를 기다린다
그대가 욕조 끝에서 남김없이 옷을 벗고
그 가여운 눈물을 흘리는 순간을 기다린다

21.

로빈 윌리엄스에게

당신은 아파트의 작은방 천장 가운데
가죽 벨트를 묶어 놓고 그 몸을 매달았다
당신의 삶과 머릿속을 채웠던 단어들은
곧 차갑게 식은 입술 밖으로 새어 나왔다

사랑
행복
아름다움
나무
영화
이야기
하늘
천사
그리고 광기

허나

타인은 오직 우울이란 단어만을 취한 채
하얀 꽃처럼 당신의 무덤 위에 올려놓았다

22.

슬픔은 불현듯 내 방 문을 열어젖히고
나를 어두운 곳으로 납치해 간다

모두가 그 등장에 주의를 기울일 때
그리고 언제나 그렇듯 그 중 나만이
우연히 다른 것에 신경을 집중할 때

슬픔은 내 눈에 검은 천을 씌워 가리고
나를 모르는 곳으로 데리고 간다

23.

이 꼴사나운 극장에 엉덩이를 붙일 바에
차라리 일어서서 보는 편이 낫겠지

이 꼴답잖은 공연에 내 시간을 바칠 바에
공연이 끝나기도 전에 자릴 뜨겠지

또 목 끝까지 들어찬 욕을 뱉어 내겠지
젠장!

24.

가족의 눈을 피하며 지금껏 해 온 일들 :

스스로가 택한 버거운 슬픔의 무게를 더하는 일

외로움이라는 이름을 가진 짓궂은 여자에
방탕하게 가진 돈을 모조리 낭비한 일

20년 전 이미 죽음을 택한 가여운 소녀에
하룻밤도 빠짐없이 긴 통화를 걸었던 일

지독한 보랏빛 절망을 채운 수삿바늘에
자신을 내맡긴 채 매일 밤을 죽었던 일
스스로가 택한 이 모든 비탄의 기록을 남기는 일

25.

큰형이 거리 사이로
조카의 뒤를 쫓아가
그에게 총을 겨눴다

멈춰!
창문 가운데로 아버지의 혼이 나타나 외쳤다 그리고 다시 -
멈춰!
허나 이웃들은 아버지의 혼이 외치는 진심을 살피는 대신

그저 지루하고 긴 하루를 달래어줄 사건을 찾아낸 듯
이 상황을 구경하느라 바빴지

큰형은 아버지가 돌아가신 날 울음이 나오려 해도
끝까지 참았다

허나 아버지가 서 계시던 창문에서 고개를 들었을 때
한 구석에 미뤄두었던 눈물은

그제서야 형의 두 눈에서 흘러내렸다

큰형은 아버지의 진심 어린 그 외침을 들었음에도
멈추지 않았다

아버지의 혼이 창문에서 뛰어내렸다

26.

거짓말을 내 크나큰 실수라고 여기진 않는다
특히나 순간의 아름다움을
지킬 목적이라면 더더욱 그렇지

의심이 꼭 나만의 문제라고 생각진 않는다
남들이 스스로 만들어내고
나는 하는 수없이 사들일 뿐이지

시기는 내 주변의 어디에도 빠지지 않는다
이상할 정도로 만연한데다
심지어 펩시 콜라 캔보다 흔하지

그것을 난 주머니 속에 동전처럼 넣어 다니다
요금 충전을 위해 스크래치 스티커를 긁었을 뿐
단 한 번도 총의 탄창에 장전한 적이 없다

27.

하수도에 소변을 흘려보내듯
내 기억도 흘려보낼 수는 없을까

기침으로 가래침을 뱉어 내듯
내 과거도 뱉어버릴 수는 없을까

으레 안경을 두었던 곳을 잊어먹듯
네 이름도 잊어버릴 수는 없을까

늙은이가 된 후에도 그대의 이름을 중얼대며
벗어날 수 없겠지 이 지겨운 기억으로부터
손자들은 날 놀림거리로 삼을 것이다

잠에서 깨어난 후에도 그대의 모습을 떠올리며
나는 매일같이 마주치는 모든 사물들로부터
그대 이름의 글자를 모을 것이다

네온사인
차의 번호판
책의 제목에서도

슬퍼한다
그리워한다
잊으려 했음에도

반복된 실패에 무력해진 나는
기억에게 굴복했다
여기를 지나는 죽음이 나를
데려가길 기다린다

28.

이 슬픔
불침번을 서고 있는 병사처럼
슬픔을 가로막고 있는 문을
지키고 서 있을 수는 없을까

흔들리는 라이터 위의 불처럼
작은 날숨 한 번에 꺼져 버리듯
홀연히 사라질 수는 없을까

의사들은 지금껏 해 왔던 것처럼
소변과 함께 슬픔을 내보내는 약을
발명해 줄 수는 없을까

슬픔은 만족할 줄 모르는 괴물
항상 존재한다
슬픔에겐 돌아갈 집도 없는지

슬픔이 만들어 낸 이 많은 것들
자살
무의미함
연인의 죽음
이 정도로는 충분하지 않았는지

젠장!

29.

그 몸을 받아 줄 어깨조차 없이
해변가의 바위 그 품 위로 뜻 없이
떨어지는 길조차 찾지 못하는 눈물
흘러내릴 가치조차 얻지 못하는 눈물

낭떠러지 밑으로 뜻 없이 떨어질 바에
그 눈물 섞인 고통을 미리 겪어 보는 쪽이 나았다

눈물은 빛을 안고 깊은 내 심장 안에
그 한숨 섞인 고동을 타고 피와 같이 몸을 흐른다

내 허리에 박힌 칼이 되었다가
내 혀 위에 돋은 바늘이 되었다가
내 아랫배에 뭉친 복통이 되었다가

이 눈물은 고귀하고 값지기는커녕
오히려 가여워 보이기까지 한다
날 용서해 줄 수 있겠느냐고
가끔 그 눈물에 대고 말한다

그리고 또 여러 번 난 이 눈물에
내 응어리진 분노를 쏟아 낸다
땀이 모공 밖으로 새어 나오고
입의 침이 밖으로 튀어나온다

기여운 미음조차 당연해진 눈물은
이제 남들의 시선을 견딜 만큼 자랐다

30.

나는 조그만 아기예요.
문장 한 줄도 말할 수 없는 때에
추운 죽음이 나의 곁에 찾아왔어요.

제가 가진 시간은 많지 않았죠.
겨우 내 형제들의 얼굴을 구분해 내고
그 얼굴들과 이름을 짝지을 시간밖에 없었어요.

제겐 이상한 일이에요.
아직 제 이름도 가지지 못한 때에
다른 아이가 가족 곁에 찾아왔어요.

저도 그 사실을 알게 되었죠.
가족은 하나뿐인 이름을 두고 싸웠고
내 몫이었던 이름을 빼앗아 그 애에게 주었어요.

저의 이야긴 끝났어요.
세상에 발자국도 남기지 못한 채
넓은 우주의 텅 빈속을 돌아다녀요.

아무도 없이 혼자서
이름도 없이 말이에요.

31.

친구의 차 트렁크엔 나의 시체가 들어있고
친구는 날 어디쯤에 버릴 것인지 고민한다

몇 년 전 그가 말했지
내가 그의 친구로 남지 않는다면 난 죽은 거라고
그때 난 왜 바보같이

친구의 그 속마음을 바로 깨닫지 못했을까

32.

끝도 없이 아래로 추락하는 여행자
기약 없이 아래로 20년을 떨어지며
상념 없이 충돌의 순간만을 기다린다

33.

재빨리 스쳐 가는 사랑
가슴 깊이 남을 거창한 약속은 물론
추억을 담은 사진 한 장조차 남기지 않겠지

수첩에 적어 낼 틈조차 주지 않고
순식간에 지나 버리는 생각처럼 가벼운

내 남은 생 기대어 보고 싶은 사랑
다만 여기 남은 소박한 꿈들이 마를
조그마한 빨랫대 한 줄 정도 있으면 좋겠지

34.

어젯밤엔 잡일을 담당하는 군인이
뒤쪽에서 볼기를 사정없이 걷어차
좁아터진 복도를 걸어가게 시키고
춥고 습한 방 안에 나를 던져 넣었다
고립이란 이름을 달고 있는 독방에

35.

사슴 한 마리 마른 목을 축이고 일어서
유유히 들판으로 달아나고야 말았다
나는 그 자리 홀로 남은 호수가 되어서
사슴이 갈증으로 돌아오기만 바랐다

36.

바텐더는 그만 마시라 권하지 않는다

그러니 매번 그에게 빈 잔을 내밀지 마라
그는 결국 당신을 동정치 않을 것이다
그는 바텐더일 뿐이니

일에 능숙한 그 바텐더는
중립을 지키며 손님의 슬픔을 존중하도록
가게의 사장에게 교육을 받았겠지

눈썹을 찌푸려 과음하는 당신에게 주의를 줄 수도 있고
혼자 귀가할 수 있는지를 헤아려 보도록
항상 함께 오던 친구의 행방을 물어볼지 모른다

그러나 매번 그에게 빈 잔을 내밀 때마다
그는 결국 당신의 술잔을 채울 것이다
그는 바텐더일 뿐이니

결국 무정한 삶의 방향성은
그를 너의 앞으로 이끈 것과 마찬가지로
너 역시 그의 앞에 데려다 놓았겠지

또다시 실망하고
또다시 후회하며 이제껏
몇 번의 실패를 맞이했는지 세어 보고 있구나

아, 나의 친구여
아, 나의 인생이 이제껏
한 편의 농담에 불과했다면 ㄱ 얼마나 좋겠나

37.

현실이 두 손으로 따귀를 갈겨 댄다
나는 가까스로 내 얼굴을 보호할 뿐
누군가 이 하찮은 일에 끼어들었으면 하고
네 뒤에서 종용한 건 아닐까

정말로 더 이상은 이러고 싶지 않다
지친 표정으로 이 상황을 관망할 뿐
차라리 이 간단한 일이 복잡해졌으면 하지
이쯤에서 그만둘 수 없을까

38.

도서관에 그녀가 있었다

식물학 코너 속의 한 권을 집어 들고
거기서 붉은 장미 한 송일 뽑아내어

내 마음에 심어다 주었다
그 자리에 기쁨이 피었다

39.

쉬운 눈물이 내게는 낯설다
오랜 기다림 이후에 흐르는
그런 눈물

열병처럼 뜨겁게 타오르며
치명적인 실수로 다가오는
그런 눈물

행복으로 향하는 그 모든 길을
자비 없이 짓밟아 버리는

40.

망자들이 이 편지를 받을 수 있다면
난 바보같이 군중들 앞에서 헛소리를 중얼댈 이유가 없을 텐데
망자들이 이 편지를 받을 수 있다면
이 어리석은 독백을 종이에 매일같이 적어낼 필요도 없을 텐데

다만 여기에 하고많은 말들
누구든 지나치며 빠르게 읽고 넘겨 버릴
이 말들은 아무것도 아니다
한없이 소리치고 맥없이 외쳐 본다 한들
결국 아무런 소용없는 말들

지친 몸으로 자리에 주저앉아
도로 지워버릴까 고민하는 와중에도
여기 말들은 끝없이 달려간다

41.

정오
암막 커튼 사이로 속삭이는 소리
:내게 공상의 밤을 만들어 준다며

유튜브를 열어 봐
우울한 영상을 몇 편 찾아서
슬퍼질 때까지 보는 거야

계산기를 꺼내 봐
얼마나 엉망인지 셈해 가면서
스스로 비웃어 보는 거야

담배를 피워 봐
구름을 만들고 싶은 것처럼
무념한 연기를 뱉는 거야

죽음을 생각해 보는 거야
울음이 나오면
조금만 울어
울어도 좋으니
조금만 울어

42.

상상은 광병에 걸린 아내와 같아
누구도 나체를 가려 주지도 않고
온 도시를 휘젓고 다니며
내 치부를 떠들고 다닌다

나는 글을 쓰는 일이 싫다

아주 혐오스러운 곳이다
나는 단지 여기서 길을 찾을 때까지
잠깐 머물러갈 뿐이다

그 길은
잃어버린 길
완전히
잃어버린 길

43.

내 고개는 피리를 연주하는 사람처럼
살짝 왼쪽으로 기울어 있다
삶도
사람들도
사물들도
때문에 조금씩 기울어 있다

고개를 위로 들어 바라보지 않는다
그렇게 세상을 보는 흉한 습관이
내 목을 아프게 만들 테니

삶에서 많은 것을 바라지 않는다
오로지 조용히 멈춰 있길 원하지

호랑이처럼 쏜살같이 지나는
아름다움의 순간들을 포착할 수 있도록
비대칭으로 기울어진 머리는
아주 느릿한 시간만을 잡아챌 수 있으니

이렇듯 나에게는 질병이 있다
머리가 기울어 가는 질병이
때문에 세상의 기울어진 모습을 탓하지 않는다
모르는 이유로 무거워진 머리를 탓하지

그 이유란 알 수 없지만
아마도 쌓인 기억들
불필요하게 가중된 두려움
아니면 의사가 종양을 설명할 때나 비유하는
골프공 같은 무언가일까

하지만 나에게는 마음에 든다
조금씩 기울어 가는 시선이
때문에 지나는 사람들의 올곧은 눈길은
그다지 신경 쓰지 않는다

44.

매일 절망이 나를 찾아온다
매번 칼같이 정확한 시간에
손끝에서 떨어진 따뜻한 우유 한 잔
그 위에다 쓰라린 눈물을 내고 싶었다
마치 세상의 마지막 한 잔이었던 듯

나는 다른 잔을 바라지 않는다
오직 내가 쏟은 그 잔을 원한다

그 시간에 돌아갈 수 있다면
놓치지 않고 모든 걸 잡아내는
그 방법을 알아낼 수 있다면

그 순간들
그 단어들

그 매일의 실수가
나를 좌절에 이끌었다

45.

아름답게 꾸며진 복도
꽃송이로 가득한 화분
물, 빛깔들
빈 의자들
그리고 그대

모든 것이 눈앞에 분명했던 순간이
그저 지난 한밤의 꿈이었을 뿐인지

악몽 아닌 꿈이란 이 얼마나 잔인한가
아름답기에 더욱 나를 힘겹게 하는 꿈이란

환희에 속아 깨어져 버릴 신기루만을 약속했네
신이시여, 제 꼴을 비웃고 있군요!

46.

그녀는 미와 사랑을 대할 때도
고함을 뱉고 소리를 질러 댄다
그녀가 내 안에 빛남을 믿었지만
이제 그 귀중함을 잃었다
그녀의 그 추한 속내와 악랄함을
이제 난 신경 쓰지 않는다

그녀의 기쁨을 전부 밟아내고 싶다
길가에 나타난 새하얀 양 한 마리
아무 죄책감 없이 뭉개 버리듯

그녀는 내 위에 소변을 누고
거짓된 기쁨으로 나를 기만하고 있다
아무 가치도 없는 이런 삶 따위
어서 지나쳐야만 한다

47.

나는 너를 사랑해
몇몇 작은 이유들에
네가 좋아져
섬세하고 꼼꼼하게 사과를 깎는
너의 방식
노긋하고 보드랍게 관리돼 있는
너의 두 손
세상 여러 소식들에 아끼지 않는
너의 눈물

처음엔 수진하다 여겼지만
나중엔 감탄하게 되었음을
차마 네게 고백하지 못했던
너의 통찰

내가 거짓으로 대답할 걸 알기에
네가 입안으로 삼키는 그 질문에
그 헤아림에 담겨 있던
너의 지혜

나는 너를 사랑해
여자라는 단어 아래
떠오르는 모든 것이
너를 닮아서

48.

우리 둘의 사이에는 내가 본 적 없는
그대 사는 마을의 산 이름이 머물러 있고
수많은 팔찌를 찬 그대의 오른손이
산이 가진 이름의 먼 의미를 짚어 주었네

우리 둘의 사이에는
V.S 나이폴의 이야기 속 미겔 스트리트가 있고
우리 둘의 사이에는
파블로 네루다 시 안의 은유가 있네
우리 둘의 사이에는
다우드 압둘사이드의 영화가 말해주는 슬픔이 있고
우리 둘의 사이에는
돌아올 때마다 뒤를 걷어찰 가족들의 다리도 있네

우리 둘의 사이에는 멈출 줄 모르는
꿈 세계의 무리가 떼를 이루어 도사려 있고
우리 둘의 사이에는 최선의 탈출
그 방법을 묘사해 주는 영원한 도전이 있으며
또 우리 사이엔 '스위트 노벰버' 속
한 장면을 구실로 하는 수줍은 키스가 있네

우리 둘의 사이에는
오랜 밤에 숨겨진 노래를 마시고자 할 때
함께 떠올리는 친구가 있고

거기에는 또 다시금
"네가 친구여서 삶이 기쁘다"
라고 하는 말이 있으며

일찍이 죽음을 맞는 그 사랑 같은 무언가
현실의 모습과 닮은 것 없는 어린 기억이
파 놓은 덧없는 함정이 있네

우리 둘의 사이에는
불안이란 나무의 맥에서 자라는
모순적인 기쁨
안녕이란 단어
압둘라의 죽음

그리고 우리 둘의 사이에는
말로는 담아낼 수 없었던 그 말
젠장, 차마 번역할 수 없었던 영화 속 자막처럼

49.

그녀가 나를 잃게 내버려두지 말아요
저항해 줘요
뭐든 해 줘요

작은 조각배라도 필요하다면
〈디스커버리〉 같은
바보 같은 각인이 가로놓여 있어도
가져와서 무덤에 올려놓아 두세요

가여운 나의 사랑 그대가
나아갈 길을 잃지 않도록

50.

나는 이런 상황에 빠질 때마다
홀로 깊고 고요한 사념 속에서
너는 홀연히 나타났다 사라지기를
마치 장난처럼 즐기는 사람인지를
고민하게 돼
무의미한 순간에다 나를 매달고
입맛대로 길들이고 있는 것인지

좋아, 인정할게
좋은 훈련이었어

덕분에 더는 세상을 신뢰하지 못하게 되었고
결국엔 어느 무엇도 확신하지 못하게 되었어

길 잃은 나의 몸은 차츰차츰 투명해져 버려서
이제는 거울 속의 스스로도 돌아보기 어려워

겨우내 몇몇 존재를 벗어내는 기술을 익혔고
때로는 공허 속에서 헤엄치는 악몽도 꾸었어

제발 내 말을 믿어달란 말이야
지금의 나를 가장 혼란스럽게 만드는 건
떨리는 손의 컵을 떨어뜨리게 만드는 건
네가 내 곁에 돌아오는 일이야

이게 뭐 하는 건지
나를 놀리는 건지
너의 존재로 나를 협박하는
악독한 훈련이 아니길 바랐어
다시 만나는 날의 기대조차
두려운 낯으로 돌변해 버렸으니

51.

죄수가 스스로 무력함에 빠지도록
일부러 미로를 설계한 엔지니어

아이가 깊은 곳에 증오를 가지도록
극적인 신경증을 부리는 여자

냉담한 목소리로 고객의 전화를
짧고 두렵게 만드는 전화원

몇 번이나 원고를 미리 읽었지만
수정할 내용을 방치한 아나운서

창밖을 바라보며 울어야 함에도
그 순간 눈물을 내지 않은 나 자신

급히 잠으로 도망쳐 보지만
결국 악몽에 붙잡혀 버렸네

모두가 하루 끝 마주하는 추악함
황제의 심장 속 끓어대는 피고름

52.

당신은 스스로도 알고 있다
눈가를 찌르는 머리카락 하나 혼자 어쩌지 못한다는 걸
가늘고 섬세한 손가락을 가진 이가 걷어내 주지 않는 한
그 성가심이 오후 내내 당신을 괴롭힐 것도

당신은 하인들을 존경한다
인파로 들어찬 저택을 관리해 내는 대단함을
하기야 당신은 무엇도 확실히 하지 못하니까
화장실에서 본 용변의 뒷처리조차도

당신의 섬약과 무능이 언젠가 당신을 죽일 것이다
누구도 다른 이의 삶을 짊어질 수 없으며
그것이 당신의 딜레마이다

다른 이들은 삶이 현실 위에 떨어뜨려 놓는
벅찬 무게를 견디내려 눈물을 삼키지만
여린 당신은 혼자 식사조차 준비하지 못해
여섯 살배기 꼬마처럼 눈물을 흘리지

결국에는 가냘픔 속에 홀로 죽어갈 것이다
나약감과 무력감 안에 갇혀 스러질 것이다
아니면 마지못해 삶을 이어 나가며
남들이 투덜대는 꼴을 지켜보겠지
젠장

이 정도면 도망갈 이유로 충분하지 않은가
늘 그렇듯 실패하더라도 말이야

53.

왜 어떤 사람은 갑작스레 나타나서는
모든 일을 떠오르게 하는가?
왜 머리 사이를 자유롭게 활보하도록
낯선 이를 방치해야 하는가?
겨우 몇 마디만을 남기고

마치 그의 앞 빛나던 지혜와 같이
그가 나중에 기억해 낼 수밖에 없다고 알고 있음에도

불쌍한 그는 행운이 자신의 앞에 당신을 가져다 두었다는
가여운 착각 속에 있다

당신과 당신의 어리석었던 말들은
슬픔을 흘리며 수수께끼로 변했다

이것이 정말로 끝이란 말인가
당신은 헐렁한 넝마를 입고
무용한 기억들 사이에 있네

모두가 잠든 밤을 가르는 빛줄기가 되었다
오래된 건물처럼 그들을 관망하고 있구나
젠장

그건 네가 사랑하는 사람을
품지 않았던 탓이다
대신 다른 사람들을 품었지
그를 빼놓고 모두 다

지금도 많은 이들을 품고 있구나
싸우는 일이 그렇게 힘들었을까
그들에게 해 오던 것처럼
그저 잠깐 어울려 주는 일조차
그렇게 힘들었을까
젠장

54.

서로 닿지 못한 채 보듬으려 애쓰며
온기 없는 포옹에 만족하지 못하고
오랜 시간 가까이 서 있기만 했네

왜 우린 나무처럼 마주하고 서서
서로의 잎사귀가 맞닿을 듯 말 듯
애타는 시간만 흘려내고 있는가

젠장

이 간극과 머나먼 길
이 뱀처럼 굽어진 길 위에
공항에
게이트 앞에 선 남자들
창문들의 유리 벽 너머로
젠장
사람들의 눈동자 안에도
젠장!

55.

젠장
나는 시인이었어
나도 알고 있다고

모두가 나를 한없이 사랑했으나
지금은 내가 이야기할 때마다
모두가 나를 보고는 멈춰버리지
세상이 나를 불안하게 만들어

평범한 사람의 단어를 잃었네
목 끝에 들어찬 말들은 모조리
입 밖에 내놓는 마지막 순간에
저주의 언어로 바뀌어 버리고

젠장
젠장!
너희가 날 보는 그 눈!

56.

미련한 인간들은
파산을 자랑하고
고독을 자부하며
고통을 과시한다

한껏 꾸며진 친절은 아무런 소용이 없다
우리는 외로움과 부정함을 발견해 내는 일에
천재성을 타고 태어났기 때문이다

쉬운 삶에서 우리는 더 큰 위험에 처한다
우리가 어떤 것을 좋아할지 아무도 알 수 없고
심지어는 매번 스스로 놀라기까지 한다

우리는 나이 들어갈 때마다 더더욱 괴이하고
창백하게 변해 가는 것만 같다

자신 이외에 우리는 싸울 대상을 모른다
우리가 이런 점을 부끄러워할 것이라 여기겠지만
따져보면 이는 우리의 큰 기쁨이다

배은
망각
무상

얼마나 아름다운 단어들인가

우리는 마치 가축이라도 되는 것처럼
이들을 애지중지 키운다
마치 하나뿐인 연인인 것처럼
신이시여, 우리는 이 얼마나 미련하고도 아름다운 짐승인지

57.

아이샤는 창문을 걸어 잠갔다
아이샤는 나의 연인이 아니다

그녀가 애인과 결혼하지 못한 탓에
나는 그녀를 위로하고 있었다

그녀는 여러 번 정신을 잃었고
그녀의 몸 역시 견디지 못했다

그녀를 진정시키기 위해 최선을 다했고
때로는 노란 알약으로 그녀를 속였다

나는 말했다
괜찮아. 널 위한 거야

그녀는 알약을 받아 들고 미소를 지었다
그리고 편안히 침대 위로 쓰러져 누웠다

조용히 창문을 걸어 잠근다
그리고 그녀의 옆에 앉는다
숨결이 멎을 듯한 아름다움을 지켜본다
이토록 미친 듯이 아름다울 수 있을까
누구든 이런 광경 앞에선 슬픔에 잠기겠지
젠장! 하고 욕지거리를 내뱉겠지

58.

어제는 그의 앞에서 침묵을 택해 보았다
그에게 아무 상관도 않으려 애써 보았다
그렇게 잊힌 마음의 평안을 다시 찾았다

어려운 선택도, 불가능한 일도 아니었다
하지만 오늘의 그는 너무도 가여워 보였다
더없이 외롭고, 또 애처로워 보였다

다시 그 손을 잡아줄까 한참을 고민했다
그가 또 나를 실망시킬 것임을 알면서도
빌어먹을 세상

59.

그는 말했다
'기다린다고 반드시 내일이 오지는 않아'
젠장
내가 몰라?
아는 척 좀 하지 마

내가 너에게
'말만 해대는 것도 행동은 아니야'
하고 말하면
넌 도대체 뭘 어떻게 할 건데?

나랑 같이 광기 속을 헤엄쳐 줄거야?
모든 것이 뒤섞이는 혼돈 속에서?

날 구하려고 하지 마
이제 그만둬
진작 포기했어야지

60.

피아노를 치는 연주자가 될 때
스테이지 위의 무용수가 될 때
색소폰을 부는 음악가가 될 때
퍼커션을 맡는 드러머가 될 때

나는 선율의 깊은 곳으로 먼 여행을 떠난다

현의 떨림이 미처 귀에 닿기도 전에
음의 울림을 머릿속에 먼저 느낀다
나는 스스로에 대해서 아주 잘 알고 있다
또한 스스로의 존재를 기뻐할 줄도 안다

나는 끔찍이 인색한 까닭에
앞에 그대가 보일 때만 나타나며
그대 외에는 모두를 겁낸다

허나 지금 그대는 어디에 있으며
우린 지금 어디에 머물러 있는가

나에게 그를 위해
그대를 찾아 주는 방법은 없을까
젠장

61.

혀 위에 순결하게 미끄러지는
이 시를 나는 사랑한다

잠들기 전 아이들이 엄마에게 칭얼대는
겨울철 저 이웃들의 대화에서 들려오는

또 평범하기 그지없는 영화 속에서
어여쁜 그 여배우의 입술 끝에 피어나는

그 시를 나는 사모한다

생생한 날것의 시
매일 내 삶에 바람으로 불어와 주는
더없이 소중한 시
시인들이 훔쳐 갈 것이라곤 무엇도 없는
아름다운 것들의 시

62.

다음에 네가 또 묻는다면 그때는
답할 준비를 해 놓겠다고 말했지
하지만 질문은 또 갑작스레 찾아오고

역시나 그대의 먼 눈길은
내 목젖 위를 힐끔 지났다가
진실을 삼키는 내 모습에
못내 침묵했지
좋아

시간이 흐른대도 그대에게
진실을 고백하지 않을 거야

그건 두렵기 때문이 아니라
잡을 때마다 도망쳐 버리는
저주스러운 진실 그 자체의 탓이고

복잡해
젠장!
화는 내지 말아 줘

그대가 조언을 원한다고 하면
둘이서 진실의 옆에 덫을 놓는 방법을 고민해 보자
아니면 숨겨진 진실 따위 마음 구석에 처박아 두고
소리를 지르기 시작하는 거야
이제부터

63.

아이들이 자라지 않았으면
이 순수한 아이들의 기쁨을 계속 볼 수 있다면
그저 언제까지고 안아줄 수 있기만 바랐지
결정 골을 넣고 서로를 안는 선수들처럼

사춘기를 맞지 않았으면
이 순수한 아이들이 세상에 때묻어 갈 때면
물렁하고 여린 희망은 점차 옅어져 가겠지
그 모습을 지켜보는 내가 그러할 것처럼

죽음을 대해서 말할 때면
나에게 그런 일은 없을 거라고, 깜깜한 밤이 오면
멋지게 도망쳐 보일 것이라고 말했지
미국 영화 속 아버지들이 그랬던 것처럼

64.

매혹적인 눈의 그대
나는 그 사실을 고백하지 못함에 애태웠고
그댄 이 복도를 지나쳐서 돌아오지 않았네

글을 담는 내게 이름조차 말없이
나는 그저 매혹적인 눈의 소녀로
너를 기억 속에 적어내야 하겠지

어쩌면 오늘의 늦은 오후쯤
아이들이 학교에서 돌아오기 전까지
내 사랑에 어울려 줄지도 모르고

그대의 눈길에 담긴 미혹은
어느 저녁 불현듯 날 찾아오지 않을까
그 하루가 어쩌면 오늘일지 모르지

내가 택할 수 있는 승리는
기다림에 빠지지 않는 일
그리움의 고통에 지쳐 넘어지지 않는 일
최악의 경우라면
이곳을 지나칠 때마다
두려움을 마주하는 일

아주 잠깐 시간은 멈추고
나 자신을 잊었던 그 순간
그로부터 삶은 재차 흐르네

65.

애타게 손을 뻗어도 요원한 그대여
무정한 강의 물살에 쓸려간 것처럼
나 아닌 다른 사람의 소유인 것처럼

그대를 사랑하지만 사랑하지 못했고
자각과 무념의 사이 어딘가에 갇혔네

어린 소녀가 시라고 여길 법한
고작 말뿐인 말들을 쓰고 있어

좋은 날이면 조금은 더 멀리
높이 날아갈 뻔했던 그 말들

꼭 나처럼
닿고도 닿지 못한 말들
아마 갈 길을 잘못 들었거나
혹은 도착이 조금 늦었거나

아니면 누군가의 텅 빈 귓속에 머물러
작은 기쁨이나마 전해 주었거나

그대는 아름다워
더할 수 없이 아름다워

화려한 미사여구도
운이나 사내다움도
차마 나를 도울 수 없을 만큼
그대는 아름다워

사랑하고 또 사랑하지 못했네
닿아 내고도 또 닿지 못했네
저주받은 나는 어찌해야 하나

66.

아슈라프 파야드에게

잠결에 내 목을 더듬거려 본다
새벽 네 시가 되었다네, 아슈라프
지금 네 시의 주머니를 뒤적이는
사람이 혹시 있던가?
그들에게 욕을 실컷 퍼붓고
나는 그저 조금 울고 싶었네

67.

지금껏 보지 못한 섬
환상의 섬도 아니요
조각배 타고 언제든
갈 법한 섬도 아니다
언어로 고이 빚은 섬

미처 몰랐던 사이에 섬은 자랐네
그대의 목소리는 조심스럽게
분절된 단어들을 늘어놓았고
나는 놀랐다 말하고 싶지 않았네

그래서 그대처럼 찬찬히, 나긋이
걸맞은 이야기를 만들어 나갔지

커다란 나무들 해변을 따라 걸어와
마땅히 있어야 할 곳에 뿌리내리고
멀찍이 산줄기 굉음을 내며 달려와
딛고 선 맞은편 듬직이 감싸주었네

상상일 뿐이지만 아름다운 곳
둘이서 빚어 지은 우리만의 섬

68.

이 그릇은 언제나 채워질까
가득 들어차 넘치길 기다리네
그 다음이 어떨지 궁금해서

이 잔혹한 본성 너머
이 공허한 망각 너머

또 그대가 세상 앞에 품은
이 흉측한 사랑 너머에는?
또 그 너머에는?
젠장

69.

푸른색의 신발을 사다 주련
위에 서서 하늘을 보고 싶어

몽블랑의 검은 지갑 따위는 사지 말고
하늘처럼 푸른 신발 하나만 사다 주련
그저 그것만
부탁이야

네 손을 맞잡고 정원 위를 걸을 때
너 아닌 누구도 보지 못했으면 해

그저 땅만 보고 걸었으면 해
저들의 목이 뻐근하지 않게

위는 올려보지 않았으면 해
하늘은 단지 그곳에 파랗게
모두의 시선을 끌고 싶겠지만

내가 보여주고 싶었던 건
가까이 마주 걸어갈 하늘의 모습
어린아이가 염원했던 꿈
두려움 없이 평온한 하늘의 모습

70.

내일은 이 개를 내다 팔 작정이다
어쩌면 남쪽의 농장주에게 줄 수도 있겠지

정말 훌륭한 개
나 같은 주인은 필요 없을 것이다

사람들이 개와 놀아주라 하던데
난 주워 올 것을 던져준 일이 없다

사람들이 털을 쓸어주라 하던데
난 몸에 손대는 것조차 싫어했다

이 개가 나와 살다가 죽어갈 미래가 두렵다
딱한 개가 나의 죄까지 짊어질 이유가 있을까

내가 개가 되어서
개의 성정으로 대해 주었어야 했는데

내일은 꼭 개를 내다 팔 작정이다
이번엔 좋은 운명이 따라주기를
세상이 그의 성정을 알아주기를

71.

희망은 거짓 자체이다
노련한 배우로
매번 새로운 모습으로
사람들 앞에 나타난다

모두가 그를 믿는대도
납득할 정도로
쉬이 능란한 연극으로
모든 사람을 속여냈다

암·센디 흰이의 이미니들끼지도

72.

슬픔의 씨앗을 뿌려 중년의 여성으로 하여금
그것이 자라난 결과를 거둬 내도록 하는 것에
무슨 의미가 있는가?
그녀가 인생의 가혹함 앞에 서도록 하는 것에
무슨 의미가 있는가?

증오, 분노, 질식, 혐오
분명코 그녀의 가슴에 남아 침전할 모든 것에
무슨 의미가 있는가?

이 모두가 그저 게임일 뿐이었다면
그녀가 불빛이 꺼져가는 시간을 기다리는 것처럼
뜻 없이 시간을 보내기 위한 놀이와 같은 것이었다면
한번
또 한 번
다시 한번
도대체 무슨 의미가 있는가?

73.

분노로 가득한 남자보다 끔찍한 존재가 있을까
여자가 남자의 마음을 깨뜨릴 때마다
남자는 결혼을 이용해 세상을 벌하고
분노로 가득한 아이들을 똑같이 세상에 낳는다

이토록 둔하고 어리석은 마음이 달리 있을까
젠장

74.

우리는 이렇듯 스스로의 감정에
집착하고 매달려야 했나

낙원을 날아가는 하얀 비둘기처럼
날아가게 두었어야 했나

기쁨이 멀리로 떠나가기 전에
함께 춤을 추었어야 했나

아니면 사람들의 입에 오르내릴
한 곡 노래가 되었어야 했나
젠장

75.

주민이 가득 들어찬 아파트는
연인이 올라탈 수 있도록
가만히 몸을 기울여 주었고
옥상에서 그들이 사랑의 키스를 나눌 때
이웃한 건물이 보내는 시선에
그들이 부끄럽지 않도록
자신의 팔을 들어 올려 주었다

76.

멀찍이 그대의 드문 소식을 보아요
응원하는 팀이 리그에서 고전하는 모습을
반쯤 감은 눈으로 확인하듯이
작은 마음 한구석이 돌아보듯이

가까이 그대와 닿고 싶지는 않아요
매일 킴 카다시안과 함께 있고 싶고
시카고 팀의 NBA 경기를 모두 보고 싶어요
내가 원한 차갑고 건조한 일상이죠

다만 그대는
그저 가끔 내 하루에 나타나 주세요
내가 잠에서 깼을 때
내가 노래를 부를 때
그럴 때만 나 그대를 떠올려 볼게요

스스로의 환상과 실망을
사람들이 되뇌곤 하듯이

77.

완전한 공백은 없다
그림자에게도 이름이 있고
너무도 상냥해
위를 밟고 지나도 눈 감는 밖에 모른다

조금 전 한낮에는
나무가 땅 위에 엎드려 있고
이곳의 기둥도
이층 집도 흙바닥 위 몸을 낮춰 있었다

낮에는 이 땅이 온전히 간영했으니
그림자는 조금씩 위로 솟구치더니
반대편에 가라앉아 버렸다
뒤의 이웃들 쪽으로

밤이 되었을 때에는
모든 것이 무상으로 변했다
모든 것이 아무것도 아니게 되었다
하늘을 가로지른 별똥별의 모습조차

마치 세상이 텅 비어 버리기라도 한 듯

78.

단어가 그들 곁을 떠난 후에야
잃어버린 사실을 알아챈 이들

슬픔의 말을 끝내 견디지 못해
주저앉아 눈물을 훔치던 이들

고단에 젖은 말을 뱉는 대신에
다른 모든 사람을 욕하던 이들

사랑의 말이 손을 내뻗을 때도
그들만의 감정을 내뱉던 이들

나는 그런 시인들을 잘 안다
그들이 단어를 일찍 찾아내
젊은 시인을 구하고 또 죽음으로 천천히 내몰았던
그 게임을 했더라면 얼마나 좋았을지

시인들도 이제는 나이를 먹어서
한 번의 후회로 만족하지 못하고
시기 이른 죽음을 택하는 일에도
아무런 의미를 찾아내지 못한다

이제는 광기로 삶을 태워야 한다
기어코 멈출 줄 모르는 광기로

일찍이 시라고 불린 유희가 있다
알리지 않은 그 죄목을 이유로

79.

생을 다시 시작하고 싶다
너를 찾아내기 위해
나는 너를 찾겠다는 희망 하나면
다시 처음부터 시작할 작정이다

내가 그렇게 하지 않았던가?

80.

저를 찾아 주었으면 해요
그대들을 찾기 위해
저는 많은 노력들을 쏟아부었고
다시 속절없는 시간을 들였어요

젠장

81.

그대의 분노에 주의를 기울여라
청바지 뒷주머니에 쑤셔 넣지 말고
그 주머니는 함정일 뿐이니

그대의 가슴에 매달아 놓아라
훈장이나 신분증을 걸어 두는 자리
잘 보이도록 매달아 놓아라
눈이 좋지 않은 사람도 한눈에 알아보도록

만약 그대가 분노를 잃는다면
분명 그대의 크나큰 손실이겠지
그러니 되찾아야 하겠지

차의 열쇠나 유일한 아버지의
사진이 담긴 지갑을 찾아내듯이
서둘러 되찾아야 하겠지

분노를 타인이 되찾아 주기는
쉬운 일이 아니니
조심하고 또 기억하라

분노는 오로지 당신의 것이고
당신이 가진 자산이며
삶의 유일한 버팀목임을

82.

당신은 행운의 빛이 바랜
셔츠를 고르는 일에 능숙하죠
상황을 더욱 나쁘게만 해요

오랜 약속들
미뤄진 소망과
목이 잘린 대화들
수많은 철창과
높은 창문들

더는 사소한 감정의 동요조차 일으키지 않을
가치 없는 기회들

그대여, 답해 주세요
나는 얼마나 더 많은 꽃다발을 떨어뜨려야 하는지
아주 짧은 답이라도 듣고 싶어요

83.

우리는 돌아올 수 없는 곳에 닿았대도
다시금 원래의 그 길을 따라 돌아온다

왜 굴레에 스스로를 내몰았나
왜 뜻 없이 포기하지 못하는가

84.

당신을 떠나간다
돌아오라고 애원하기 위해
그대를 자극한다
스스로에게 상처 주기 위해
멀리로 사라진다
그리움으로 눈물짓기 위해

나는 당신을 너무도 사랑한다
가끔 그대가 애달픈 내 눈빛을 보고
나를 싫어할 이유를 찾아낼 수 있게

85.

다른 집으로 이동
다른 도시로 이동
다른 나라로 이동

이 방황이 내게 바라는 것은 무엇일까
등 복판에 '이동'이라는 이름의 칸자르가
꽂히지 않은 연인을 난 알지 못한다
젠장

86.

언젠가 그녀가 오리라고 그대는 알았다
그 결정적인 순간에
그대는 요람의 아기처럼 울어댈 것이고

울음의 외침이 그대의 단 하나뿐인 언어가 된다
그대가 아니면 누구도 그 뜻을 알아챌 수 없고
외롭게 남겨진 그대는 곧 피곤함에 잠들 것이다

이해받지 못한 이유로
공허해진 의미 때문에

아마 다시는 깨어나고 싶지 않겠지

87.

너의 열매는 내게서 확연히 멀어지고 있구나
네게 청록의 계절은 조금씩 가까워져 오지만
나의 마음속 끝줄엔 여전히 서릿발이 맺혔다

나는 먼 길 위의 여행자
다만 가슴속은 텅 비어
티켓 한 장조차 없구나
한 장도

88.

내 속에 스멀대는 분노의 형태
무모한 운전자의 거대한 트럭
떠나가 버린다는 아내의 위협에
매일을 정신적인 위기에 갇힌다

고속도로 위를 거꾸로 질주하면서
그만 모든 것을 끝장내 버리겠다고
위협하고 있다

89.

내 손가락 사이로 그대의
머릿결 머금은 한밤이 흐르면
의심은 속내서 자취를 감추고
혼란의 업화는 홀연히 꺼지며
온전한 평온이 양팔을 벌린다

90.

그녀가 다시 눈앞에 섰다
똑바로 나를 마주한 채로

있는 힘껏 때린다
예민한 곳들을 사정없이
한쪽 손에 쥐고 있던 쇠몽둥이로

나는 너무도 두렵다
도저히 이 슬픔을 걷어낼 수가 없다
젠장

91.

일꾼들이 식당과 카페 안에
숨돌리며 구슬땀 닦는 동안
고독이란 타일을 나는 홀로
표백제로 열심히 닦고 있다

92.

내가 언제쯤 죽기를 원하는지
스스로도 알 수 없다
다만 어디서 죽기를 원하는지
그것만은 알 수 있다

이곳
바로 여기
이 깊은 상처의 속에서

차마 번역할 수 없었던 영화 속 자막처럼

초판 1쇄 인쇄	2024년 8월 26일
초판 1쇄 발행	2024년 9월 4일
지은이	압둘라 알우카이비
옮긴이	이예지
발행처	도서출판 홍익기획
	04552 서울시 중구 수표로 23
전화	02) 2274-8110
팩스	02) 2271-0951
홈페이지	www.hongeeg.com
ISBN	979-11-986998-5-5 03800
값	12,000원

※ 본서를 허락 없이 부분 또는 전부를 무단 복제, 게재 행위는
   저작권법에 저촉됩니다.